EEN DOELTREFFENDE SOLLICITATIEBRIEF SCHRIJVEN

Haal je sollicitatie binnen

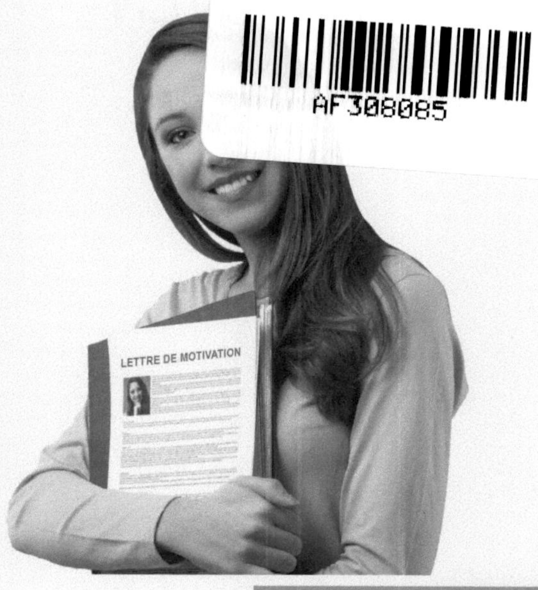

AF308085

50MINUTES.com

EEN DOELTREFFENDE SOLLICITATIEBRIEF SCHRIJVEN

Haal je sollicitatie binnen

geschreven door Benoit Janssens
vertaald door Nikki Claes

50MINUTES.com

EEN DOELTREFFENDE SOLLICITATIEBRIEF SCHRIJVEN

- **Probleem?** Hoe schrijf ik de sollicitatiebrief die me een sollicitatiegesprek oplevert?

- **Waarvoor dient het?** De begeleidende brief vult het cv aan en verduidelijkt het. Het biedt de kandidaat de mogelijkheid bepaalde troeven meer te benadrukken dan andere, afhankelijk van het bedrijf waar hij of zij solliciteert; het biedt de werkgever ook de mogelijkheid het verband te leggen tussen het profiel, de persoonlijkheid, de ervaring, de vaardigheden en de motivatie van de kandidaat.

- **Professionele context?** Zoeken naar een baan of een stage, professionele heroriëntatie.

- **FAQ?**
  - Wat zijn de bijzonderheden van een per e-mail verstuurde sollicitatiebrief?
  - Is het raadzaam om een sollicitatiebrief met de hand te schrijven?
  - Moet ik altijd een sollicitatiebrief meesturen met mijn CV?
  - Welke argumenten kun je aanvoeren als je weinig of geen beroepservaring hebt?
  - Is het mogelijk om een vleugje humor in uw brief te verwerken?

- Hoe druk je je enthousiasme uit zonder arrogant over te komen?
- Kun je dezelfde sollicitatiebrief schrijven voor al je sollicitaties?
- Moeten we het hebben over de afstand tussen het bedrijf en de woning?

Of je nu net klaar bent met je studie, op zoek bent naar een carrièreswitch of op zoek bent naar een nieuwe baan na ontslag, tenzij je zelfstandig ondernemer bent, zul je nu solliciteren naar een baan of een stage. In dat geval wordt u onvermijdelijk geconfronteerd met het schrijven van een sollicitatiebrief, die bijna automatisch bij het cv moet worden gevoegd.

Ongeacht uw beroepssituatie en de sector waarin u wilt solliciteren, is de sollicitatiebrief van het grootste belang geworden. Na het cv is het meestal het tweede document dat door de wervingsafdeling wordt gelezen. De kansen op een succesvolle aanvraag hangen dus sterk af van de kwaliteit en de consistentie van deze brief.

Pas op, ook al is het zeer goed opgebouwd en relevant, het is geen absolute garantie voor succes. Het is mogelijk dat uw sollicitatie niet voldoet aan alle verwachtingen van de werkgever in vergelijking met het profiel van andere kandidaten, ondanks alle troeven en motivatie die u in uw brief hebt getoond. Daarnaast moeten er nog andere belangrijke stappen worden gezet, met name het gesprek (of de gesprekken). Dit gezegd zijnde, is het, om de kans te krijgen er te komen, absoluut noodzake-lijk zich eerst te concentreren op deze beslissende fase, namelijk het schrijven van de sollicitatiebrief.

En dit kan een ingewikkelde uitdaging zijn als je deze praktijk niet gewend bent. Erger nog: net als je denkt dat je je brief goed geschreven hebt, reageren werkge-vers nog steeds negatief. Als dit het geval is, is het mis-schien tijd om uw aanpak te herzien om de kwaliteit van uw brief te maximaliseren.

Waar moet ik beginnen? Wat zijn de belangrijke ele-menten die het argument kunnen opbouwen en uw aanvraag overtuigend maken? Duik in deze praktische gids om jezelf de beste kans te geven op het vinden van je droombaan!

DE BASISPRINCIPES VAN EEN OVERTUIGENDE SOLLICITATIEBRIEF

EEN NOODZAKELIJKE STAP

Voor de aanvrager

Zoals de naam al zegt, wordt dit document gebruikt om aan te tonen dat u gemotiveerd bent om de baan waarnaar u solliciteert te vervullen. Het moet worden onderscheiden van het curriculum vitae, dat een samenvatting is van uw professionele achtergrond en vaardigheden. Het volstaat dus niet om wat in het CV staat in dezelfde vorm te herhalen. De twee documenten mogen nooit worden gedupliceerd. Dit betekent niet dat soortgelijke elementen niet kunnen worden vermeld. Hoewel de primaire functie van uw CV is om uw vaardigheden en achtergrond te beschrijven, biedt de begeleidende brief u de mogelijkheid om op een beknopte manier enkele punten uit te werken die u essentieel acht en die uw motivatie voor de te vervullen functie rechtvaardigen. Het geeft je de kans om een aantal van je kwaliteiten of vaardigheden te koppelen aan een van de belangrijkste ervaringen in je carrière. Pas echter op dat je van je sollicitatiebrief geen autobiografisch relaas maakt!

👁 "IK BEN GESCHIKT VOOR DE BAAN".

Voordat u naar een baan solliciteert, moet u er natuur-lijk zeker van zijn dat u over de nodige kwalificaties beschikt. Motivatie alleen is niet genoeg. Alleen als je zowel je voor de baan relevante vaardigheden via het cv als je motivatie via de sollicitatiebrief laat zien, maak je kans om de werkgever aan te trekken. Daarom is het van essentieel belang dat u de vacature zorgvul-dig leest voordat u een sollicitatiebrief schrijft.

Het is echter niet absoluut noodzakelijk om te vol-doen aan alle criteria die de werkgever in de vacature-tekst stelt. Recruiters voorzien werkzoekenden van een ideaal profiel. Aan sommige van deze voorwaar-den moet worden voldaan als ze duidelijk als zodanig worden vermeld (bijvoorbeeld "rijbewijs vereist" of "speciaal opleidingsniveau vereist"). Uw motivatie kan echter één of twee vaardigheden compenseren die u nog niet bezit. Gooi de handdoek dus niet te snel in de ring: het zou zonde zijn om je kans te laten schieten vanwege iets waarvan de werkgever zegt dat je het nog niet hebt verworven, terwijl je verder perfect gekwalificeerd bent.

Voor de recruiter

In de meeste gevallen ontvangt de werkgever tientallen of zelfs honderden sollicitaties voor een functie. Het interviewen van alle sollicitanten zou een verspilling van tijd en geld zijn. Het cv en de sollicitatiebrief stellen de werkgever dus in staat een eerste selectie te maken.

In de meeste gevallen is het CV het eerste document dat de recruiter interesseert. Als zij na raadpleging zien dat uw profiel aan de belangrijkste gevraagde criteria voldoet, richten zij zich op uw brief. De brief is dus zeer belangrijk en mag niet worden verwaarloosd. Het is de "plus" die je kan onderscheiden van andere kandidaten. Zelfs als je een goed CV hebt, kan een slecht geschreven brief je sollicitatie verpesten.

Het aanwervingsproces werkt niet automatisch zo. Soms wordt de motivatiebrief als eerste onderzocht. In dit geval is het nog belangrijker. Als de recruiter niet tevreden is, is de kans groot dat hij of zij niet eens de moeite neemt om je CV te bekijken.

VOORBEREIDING

De vacature in detail analyseren

Zoals we hebben gezien, is de eerste stap ervoor te zorgen dat je hebt begrepen en begrepen wat de baan waarnaar je gaat solliciteren inhoudt. Analyseer daarom de advertentie punt voor punt. Dit zorgvuldig lezen zou u al een idee moeten geven van wat u naar voren kunt brengen bij het schrijven van uw sollicitatiebrief. Probeer voor elk door de werkgever gevraagd element een waardevolle ervaring in je achtergrond te vinden om te benadrukken.

Ten tweede, probeer af te leiden welke van uw kwaliteiten nuttig zouden zijn voor de baan. Inderdaad, naast een lijst van vereiste kwalificaties en kwaliteiten geven werkgevers u meestal een functieomschrijving. Om een eenvoudig voorbeeld te nemen: als gesteld wordt dat de werknemer dagelijks met meerdere collega's zal moeten samenwerken, is het nuttig te vermelden dat u van teamwerk houdt, ook al wordt deze eigenschap niet nadrukkelijk gevraagd.

CONTACT OPNEMEN MET HET BEDRIJF

Vacatures zijn soms slecht uitgewerkt en kunnen onduidelijk zijn over de functie en wat deze inhoudt. Aarzel in dat geval niet om per e-mail of per telefoon contact op te nemen met de verantwoordelijke voor de aanwerving voor meer informatie over de functie. Vermijd deze aanpak echter als u geen specifieke vragen hebt.

Als u zeker weet dat uw sollicitatie legitiem is en overeenstemt met het profiel dat de werkgever zoekt, kunt u overgaan tot de volgende stap.

Zoek zoveel mogelijk informatie over de werkgever en zijn bedrijfstak

Om een zo goed mogelijk beeld te krijgen van met wie je te maken hebt, verzamel je alle beschikbare informatie over de werkgever. Er zijn verschillende manieren om dit te doen.

- Internet: werkgevers van allerlei aard hebben vaak een website. U vindt er nuttige informatie over de positie van de onderneming binnen haar sector, haar filosofie, haar werkwijze, haar belang ten opzichte van haar concurrenten, haar geschiedenis, enz.

- Sociale netwerken: controleer of de werkgever aanwezig is op sociale netwerken (voornamelijk Facebook en LinkedIn). Zo ja, dan kunt u misschien informatie afleiden over hun populariteit, merk en activiteiten.

- Je eigen netwerk: het is altijd de moeite waard om over de baan en de werkgever in je omgeving te praten. Je weet maar nooit, sommige van je kennissen kennen het bedrijf of iemand die er werkt.

- De pers: bij grote bedrijven kunt u ook in de algemene of zakelijke pers kijken. Deze werkgever kan in het nieuws zijn gekomen of komen.

- De telefoon: het telefoonnummer van de werkgever staat bijna altijd in de advertentie. Vaak wordt u zelfs uitgenodigd om te bellen voor meer informatie over de baan. Aarzel niet om dit te doen als u vragen hebt over het bedrijf, nadat u hebt gecontroleerd of de antwoorden niet al beschikbaar zijn via de bovengenoemde middelen. Zelfs als de advertentie u niet aanmoedigt om telefonisch inlichtingen in te winnen, is er geen risico om het te proberen. Integendeel, het zal de werkgever alleen maar laten zien dat je geïnteresseerd en serieus bent. Als u zich niet bijzonder op uw gemak voelt aan de telefoon, begin dan niet aan een aarzelende improvisatie en schrijf de informatie die u wilt verkrijgen van tevoren op.

KLEIN PLUSPUNT

Als de naam van de persoon die verantwoordelijk is voor de aanwerving in de advertentie staat, zoek dan uit wat zijn/haar status is binnen de organisatie waar hij/zij werkt. Met deze informatie kunt u uw sollicitatiebrief wat persoonlijker maken door deze persoon in het bijzonder aan te spreken. U kunt uw brief beginnen met "meneer de directeur" of "mevrouw de directeur personeelszaken" in plaats van met "meneer" of "mevrouw", wat uw betrokkenheid verder zal aantonen.

Als u solliciteert naar een baan in een sector waarmee u niet vertrouwd bent, is het ook nuttig om u daarover te informeren. Als je bijvoorbeeld solliciteert naar een baan als secretaresse in de industriële sector en je werkervaring ligt meer op het commerciële vlak, dan is het belangrijk dat je weet wat dat is.

Waarom moeten we al deze informatie verzamelen?

Het hele proces van informatie zoeken geeft u een beter beeld van de organisatie waar u solliciteert. Dit zal niet alleen nuttig zijn voor het schrijven van uw sollicitatiebrief, maar ook voor het ontwerpen van uw CV en voor de mogelijke gesprekken die zullen volgen. Kortom, al uw latere communicatie wordt bepaald door wat u tijdens uw eerste zoektocht naar informatie hebt geleerd.

Terugkomend op de sollicitatiebrief zelf, spreekt het voor zich dat je het onderwerp van je document aanpast aan de baan waarvoor je solliciteert. Dit is echter niet het enige waar u op moet letten. Zowel de toon als de benadrukte vaardigheden hangen af van de specifieke kenmerken van de werkgever. U kunt uw kansen op succes dus vergroten door uw sollicitatiebrief aan te passen aan het profiel van de werkgever. Bijvoorbeeld, voor een identieke functie in een multinational of in een klein familiebedrijf zal je sollicitatiebrief niet hetzelfde zijn. U legt de nadruk op verschillende punten, of het nu gaat om uw motivatie of uw vaardigheden.

Je hebt zeker kwaliteiten en drijfveren voor beide soorten bedrijven, maar afhankelijk van de werkgever zul je sommige eerder benadrukken dan andere.

 ## IDENTIFICEER HET PROFIEL VAN DE WERKGEVER

Er zijn veel criteria om werkgevers te onderscheiden. Hier is een niet-uitputtende lijst:

- de omvang van de organisatie;
- wat het produceert of voortbrengt (een product of dienst);
- zijn reputatie;
- zijn filosofie;
- zijn oorsprong (nationaliteit van de moedermaatschappij);
- zijn geschiedenis;
- zijn hiërarchie;
- zijn reputatie.

Als u op deze manier te werk gaat, heeft uw sollicitatie-brief de verdienste uniek te zijn en zal hij eerder de aandacht trekken van de persoon die belast is met de aanwerving. Het verschil tussen een generieke brief die je voor elke sollicitatie kopieert/plakt en een gepersonaliseerde brief is dankzij het bovenstaande advies namelijk direct aantoonbaar. Tanguy V., professioneel recruiter, getuigt:

> *"Je hoeft geen jarenlange ervaring te hebben om het verschil te zien tussen een gepersonaliseerde sollicitatiebrief en een brief die de kandidaat gewoon naar alle werkgevers stuurt met een paar wijzigingen. Dat is jammer, want sommige kandidaten beschikken zeker over de voor de baan vereiste kwaliteiten, maar als ze de sollicitatiebrief lezen, bewijzen ze ons een slechte dienst omdat de manier waarop ze die geschreven hebben ons laat zien dat ze niet zo gemotiveerd zijn. Als de kandidaat de moeite heeft genomen om zich te informeren over de organisatie waar hij of zij solliciteert en deze informatie gebruikt in de brief, valt dit zeker op bij de recruiter.*

REDACTIE

Nu je alle bovenstaande elementen hebt, is het tijd om je brief te gaan schrijven. Een begeleidende brief heeft een specifieke structuur die strikt moet worden nageleefd. Als je dat niet doet, worden je kansen op succes sterk verminderd. Bovendien hebben werkgevers weinig

tijd om sollicitaties te bekijken en als je brief te lang is
– hij mag nooit langer zijn dan één A4'tje – of niet to the
point, gaan ze snel door naar een andere sollicitatie.

De kop

Met dit sterk geformaliseerde gedeelte kunt u gemakkelijk beginnen zonder met een lege pagina te blijven
zitten. Het geeft de recruiter ook direct de feitelijke
informatie die hij of zij nodig heeft.

- Uw contactgegevens: schrijf linksboven uw volledige
  naam, adres, telefoonnummer en e-mailadres. Met
  deze informatie kan de werkgever gemakkelijk contact met u opnemen, zonder dat hij naar uw contactgegevens hoeft te zoeken. Dit lijkt misschien een
  klein punt, maar het is heel belangrijk dat u gemakkelijk bereikbaar bent.

- Gegevens van de werkgever: schrijf in de rechterbo-
  venhoek de gegevens van het bedrijf en de naam van
  de persoon die verantwoordelijk is voor de aanwerving (als u die kent, natuurlijk), voorafgegaan door de
  woorden "Ter attentie van". Dit kan nuttig zijn als de
  brief wordt geopend door iemand anders dan de persoon tot wie u zich specifiek richt. Het is dus geen
  probleem als u deze informatie, die al op de enve-
  loppe staat, herhaalt.

- De plaats en datum van verzending: vermeld onder de
  gegevens van de werkgever de stad die overeenkomt
  met uw adres, gevolgd door de datum. Bijvoorbeeld:
  "Luik, 16 oktober 2014".

- De onderwerpregel: onderaan, aan de linkerkant, moet het onderwerp van uw brief staan. Vermeld gewoon de functie waarvoor u solliciteert, gevolgd door de referentie van de advertentie als die er is. Schrijf dit als volgt: "(referentie)".

 **TE VERMIJDEN**

Als uw gebruikelijke e-mailadres enigszins ongebruikelijk is, gebruik het dan niet voor uw verzoeken. Het ziet er niet erg serieus uit voor werkgevers. Het is daarom sterk aan te raden om een klassiek adres te maken met alleen uw voor- en achternaam.

De inleiding

Zoals de naam al aangeeft, wordt dit deel gebruikt om contact te leggen met de werkgever zonder al te abrupt op het onderwerp in te gaan. Het bestaat uit twee delen: de oproep en de eerste alinea.

Geef allereerst aan tot wie u zich richt. Als u het niet precies weet, gebruik dan de volgende formule: "Geachte heer of mevrouw". Als u de naam kent van de persoon die verantwoordelijk is voor de aanwerving, vermeld dan "mevrouw" als het een vrouw is en "mijnheer" als het een man is, zonder zijn naam te noemen. In tegenstelling tot wat we vaak horen, wordt "mevrouw Y" of "meneer X" als minder respectvol ervaren dan "mevrouw" of "meneer" alleen. Als u daarentegen de functie kent van de persoon tot wie u zich richt, geef die dan aan:

"Mevrouw de directeur" of "mijnheer de prefect", bijvoorbeeld. Vergeet de komma na elk van deze aanspreekvormen niet.

Zodra dit geschreven is, ga je naar de regel die een ruimte laat en introduceer je je brief. De eerste alinea mag niet langer zijn dan vijf of zes regels en moet antwoord geven op de vraag: "Waarom ontvangt de werkgever uw sollicitatie? Je kunt beginnen met kort te vermelden dat je de advertentie van het bedrijf hebt gezien en uit te leggen waarom het lezen ervan je interesse heeft gewekt. Leg je huidige situatie uit en gebruik vervolgens de informatie die je hebt verzameld over de baan en de werkgever. Bijvoorbeeld:

> "Met grote belangstelling heb ik uw advertentie gelezen voor de functie van ... Ik ben momenteel op zoek naar een baan als ... in de sector ... Uw advertentie baart mij dan ook grote zorgen. Ik ben erg enthousiast over de kans om in deze rol te werken in een innovatief en groeiend bedrijf als ... en ik denk dat ik alle vaardigheden heb die jullie nodig hebben."

Dit is slechts een algemeen voorbeeld, probeer je eigen manier te vinden om dingen naar voren te brengen. Vergeet niet dat het belangrijk is uw brief zoveel mogelijk te personaliseren.

De kern van de brief

Het moet drie vragen beantwoorden om de interesse van de recruiter te wekken. Deze drie vragen komen overeen met de drie onderdelen waaruit een sollicitatie-brief gewoonlijk bestaat.

- **Wie ben jij?** Dit deel is gewijd aan uw persoonlijke achtergrond en is bedoeld om uw sollicitatie te legitimeren. Daarom is het belangrijk om de belangrijkste elementen van je CV te selecteren in relatie tot de functie waarnaar je solliciteert en deze om te zetten in argumenten die je onderscheiden van andere kandidaten. Zelfs als je solliciteert naar een baan die verschilt van wat je eerder hebt gedaan, probeer dan de kwaliteiten en vaardigheden die je hebt ontwikkeld te benadrukken die ook relevant zijn voor deze nieuwe baan. Wat u denkt dat een zwak punt is, kan soms worden omgezet in een troef waarmee u zich onderscheidt van de massa. Het gaat er dus om de waarde van uw ervaring voor de werkgever te benadrukken.

- Dit deel is meestal het belangrijkste deel van een sollicitatiebrief: het kan tien of vijftien regels lang zijn. Het is raadzaam om het in twee of drie samenhangende alinea's te verdelen om geen groot blok tekst te hebben. Dit zal u ook helpen om uw ideeën te structureren en zal het lezen ervan aangenamer maken voor de recruiter.

- **Wat motiveert u om voor deze baan en deze organisatie te solliciteren?** Ook al heb je deze vraag heel kort aangestipt in het inleidende gedeelte, je moet hier de redenen uitwerken waarom je naar deze specifieke baan en werkgever solliciteert. Verwaarloos de werkgever niet door je alleen te richten op de baan die hij aanbiedt. Nogmaals, gebruik de informatie die je vooraf hebt verzameld om je motiverende argumenten te ontwikkelen. De werkgever moet kunnen zien dat je hebt begrepen wie ze zijn en wat er op het spel staat in de functie die ze willen vervullen. Kortom, je moet laten zien dat je in je element bent. Voor dit onderdeel is het ook sterk aan te raden om u te baseren op de advertentie en de essentiële punten van de advertentie op te nemen en aan te geven hoe deze u motiveren.

- **Waarom bent u de ideale kandidaat?** Deze paragraaf dient als conclusie: hij vat de hierboven ontwikkelde elementen samen en verbindt ze met elkaar. Hij eindigt de brief door aan te tonen hoe uw profiel geschikt is voor de taken van de baan en voor de cultuur van de organisatie die de baan aanbiedt. Idealiter zou aan het eind van uw brief de functie waarnaar u solliciteert een voor de hand liggende match moeten zijn met uw achtergrond.

De begroeting

Sluit je brief af met de mededeling dat je beschikbaar bent voor de werkgever als hij meer informatie over je wil. Gebruik dan een eenvoudige en klassieke aanspreekvorm zoals: "Hoogachtend" of "Hoogachtend". U hoeft alleen nog maar onderaan de pagina te tekenen of uw voor- en achternaam te vermelden als u per e-mail solliciteert.

STUUR NAAR

De wijze van verzending van de sollicitaties wordt altijd in de advertentie vermeld. U wordt verzocht per e-mail of per post te solliciteren. Maar vaak krijg je de keuze tussen de twee mogelijkheden. In dat geval kunt u het beste per post solliciteren. Dat komt omdat werkgevers een groot aantal e-mails ontvangen. De kans dat uw brief en cv in de massa verloren gaan is dus groter dan wanneer u ze per post verstuurt.

 ## EEN ONGELUKKIGE VERGISSING

Als u per e-mail solliciteert, zorg er dan voor dat u de klassieke fout vermijdt die iedereen al heeft gemaakt: controleer of u uw sollicitatiebrief en cv hebt bijgevoegd. Als deze vergissing in een privécontext niet erg is, kan ze hier tot ongelukkige gevolgen leiden: ofwel realiseert u zich dat niet en heeft de werkgever gewoon geen toegang tot uw sollicitatie; ofwel stuurt u uw bijlagen in een andere e-mail, wat de schade beperkt, maar de indruk van nalatigheid die uw vergissing de rekruteerder waarschijnlijk heeft gegeven, niet helemaal goedmaakt.

TOP TIPS

- Gebruik jargon dat specifiek is voor de sector waarvoor u solliciteert. Dit maakt je sollicitatiebrief nog persoonlijker. Ga natuurlijk ook niet te veel in op ingewikkelde en gespecialiseerde details. Het doel is om impliciet te laten zien dat je inderdaad ervaren bent voor de baan, zonder de recruiter om de oren te slaan met technische termen.

- Wees origineel om je te onderscheiden van andere sollicitanten. Hoewel de sollicitatiebrief nog steeds een vrij conventioneel document is, moet je, afhankelijk van de functie en de werkgever, proberen in te schatten hoezeer een beetje originaliteit een pluspunt kan zijn. Concreet kan dit een passie zijn, een ongewone ervaring die je hebt gehad of een heel persoonlijke manier om dingen voor te stellen. Vermijd in elk geval kant-en-klare zinnen. Bij het lezen van uw brief mag de recruiter niet de indruk krijgen dat hij/zij hetzelfde leest als in de tientallen andere sollicitaties die hij/zij heeft ontvangen.

- Let op de spelling. Lees je sollicitatiebrief meerdere keren zorgvuldig na. Als spelling niet je sterkste kant is, vraag dan mensen in je omgeving om het voor je na te lezen. Voor welke functie en sector je ook solliciteert, spelfouten maken altijd een slechte indruk.

- Hou je zinnen kort. Begin voor de duidelijkheid niet met lange zinnen. De recruiter moet de inhoud van uw brief direct kunnen begrijpen. Ze zouden een onduidelijke passage niet moeten herlezen omdat de zin te ingewikkeld is. Let er ook op niet te veel korte zinnen te gebruiken, want het is niet de bedoeling een telegramstijl te bereiken.

- Wees eerlijk over je vaardigheden. Je moet jezelf naar voren brengen, maar liegen en dingen verzinnen om je sollicitatie kracht bij te zetten werkt averechts tijdens het gesprek, of zelfs daarna.

- Sla een enthousiaste toon aan. Uit de toon van je brief moet je motivatie blijken, maar niet overmoedig overkomen: dat kan bij de werkgever overkomen als arrogantie of opschepperij.

- Wees waardig. Kijk niet alsof je de werkgever smeekt. Spelen op medelijden werkt niet.

- Voorkom dat je in herhaling valt. Het is niet nodig om iets te herhalen wat je al hebt gezegd of om het nog eens op een andere manier uit te drukken. Je hebt maar één A4'tje. Je moet de ruimte die je hebt optimaal benutten. Zorg ervoor dat je schrijven effectief is.

- Uw zinnen moeten altijd positief zijn. Herformuleer negatieve zinnen als u die hebt achtergelaten. Het lijkt misschien niet erg, maar negatieve zinnen hebben een nadelig effect op de indruk die je brief achterlaat.

- Gebruik een eenvoudig formaat. Hoewel het raadzaam is om origineel te zijn in de inhoud van uw brief, houdt u de vorm eenvoudig – behalve in het geval van een artistieke aanvraag. Blijf bij zwart en een klassiek lettertype (Arial, Times of Calibri). Vermijd ook te grote frames. De inhoud gaat boven alles, dus het formulier moet zo leesbaar mogelijk zijn.

WAT ZIJN DE BIJZONDERHEDEN VAN EEN PER E-MAIL VERSTUURDE SOLLICITATIEBRIEF?

Als u per e-mail solliciteert, hoeft u uw brief niet op een tekstverwerkingspagina te schrijven en als bijlage mee te sturen. U kunt uw tekst rechtstreeks in de e-mail verzenden. Dit is één document minder dat de recruiter moet openen, wat het leven gemakkelijker maakt. Het is echter raadzaam uw brief eerst in een apart document te schrijven en deze vervolgens te kopiëren en te plakken in de hoofdtekst van de e-mail. Dit voorkomt fouten, zoals het per ongeluk versturen van uw e-mail terwijl u deze nog niet af hebt.

Wat de inhoud betreft, moet de begeleidende brief die rechtstreeks per e-mail wordt verstuurd, aan dezelfde regels voldoen als de brief die per post wordt verstuurd. Er zijn echter enkele formele verschillen, aangezien de geldende codes die van het e-mailformaat zijn en niet die van een klassieke brief. Beide verzendmethoden hebben ook hun eigen conventies. E-mail vereist minder elementen dan een conventionele brief die per post wordt verstuurd: u hoeft zich geen zorgen te maken over de kopregel. Begin direct met de inleiding. Dus het eerste wat je schrijft is "Geachte heer directeur" of "Geachte mevrouw directeur". U moet uw naam en contactgegevens aan het einde van de e-mail schrijven.

Het onderwerp van uw sollicitatiebrief hoort logischer-
wijs thuis in de onderwerpregel van uw e-mail.

IS HET RAADZAAM OM EEN SOLLICITATIEBRIEF MET DE HAND TE SCHRIJVEN?

Het kan verleidelijk zijn uw brief te personaliseren door
hem zelf te schrijven, om esthetische redenen of om
nog meer op te vallen, en dat is soms inderdaad een ver-
standige zet. Houd er echter rekening mee dat u in het
tijdperk van de wijdverbreide digitalisering het risico
loopt een ontluisterend beeld van uzelf over te brengen:
dat van een persoon die achterloopt in het gebruik van
moderne technologie. Dit advies is des te belangrijker
als u solliciteert naar een baan in een sector die rechtstreeks verband houdt met computermanipulatie.

MOET IK ALTIJD EEN SOLLICITATIEBRIEF MEESTUREN MET MIJN CV?

Indien dit niet specifiek in de advertentie wordt gevraagd,
is de begeleidende brief niet verplicht. Het kost echter
niets – behalve tijd – om dit document bij uw cv te voe-
gen, zodat u uw motivatie en belangstelling voor de
functie waarvoor u solliciteert vanaf het eerste contact
kunt benadrukken.

WELKE ARGUMENTEN KUN JE AANVOEREN ALS JE WEINIG OF GEEN BEROEPSERVARING HEBT?

Wanneer je voor het eerst de arbeidsmarkt betreedt, is
het natuurlijk moeilijk om werkervaring aan te tonen.

Als dit het geval is, wees dan niet ontmoedigd. Er zijn andere manieren om je kwaliteiten en vaardigheden onder de aandacht te brengen. Het eerste wat u moet doen is terugdenken aan uw achtergrond en nagaan welke elementen nuttig kunnen zijn voor de baan waarnaar u solliciteert. Je denkt er misschien niet spontaan aan, maar sommige van je ervaringen die je onbeduidend vindt, kunnen belangrijk blijken te zijn. Denk dus niet alleen aan vrijwilligerswerk, stages of studies die je hebt gedaan, maar ook aan je reizen, sportactiviteiten, passies of hobby's. Probeer onder al deze vaardigheden de meest relevante te vinden die u hebt verworven. Het gaat erom te laten zien dat u, ondanks uw onervarenheid, even goed in staat bent de baan en de bijbehorende eisen aan te nemen als elke andere kandidaat.

 ## ADVIES VOOR EEN EERSTE BAAN

Vermeld nooit nadrukkelijk uw gebrek aan beroepservaring. De recruiter zal het opmerken op je CV. Het is dus niet nodig dit te onderstrepen, want het doel is dit element, dat vooraf een handicap is voor uw sollicitatie, op de tweede plaats te laten komen.

Als je daarentegen wel relevante ervaring hebt, maar niet het diploma waarvoor je solliciteert, benadruk dit dan en wat het voor jou heeft betekend, zonder je gebrek aan opleiding te vermelden. Nogmaals, dit zal direct zichtbaar zijn op je CV, en vermelding in je brief kan de recruiter de indruk geven dat je jezelf neerzet. Zet deze mogelijke tekortkoming af tegen de ervaring, vaardigheden en andere kwaliteiten die je hebt opgebouwd.

IS HET MOGELIJK OM EEN VLEUGJE HUMOR IN UW BRIEF TE VERWERKEN?

Natuurlijk hebben we je altijd aangeraden je te onderscheiden door een brief te schrijven die origineel is en bij je past. Maar omdat humor een relatief iets is, is het erg lastig te gebruiken in een sollicitatiebrief. Inderdaad, maar niet als je de recruiter persoonlijk kent, vermijd humoristische aanrakingen. Voor dezelfde prijs kun je de werkgever vermaken en zijn aandacht vasthouden of jezelf volledig in diskrediet brengen. In geval van twijfel is het beter zich te onthouden.

HOE DRUK JE JE ENTHOUSIASME UIT ZONDER ARROGANT OVER TE KOMEN?

Om je te onderscheiden van andere sollicitanten is het belangrijk om je motivatie en enthousiasme voor de baan en de werkgever te tonen. Dit is de belangrijkste functie van een sollicitatiebrief. Maar pas op: uw enthousiasme kan soms overkomen als arrogantie. Om dit te voorkomen, volgen hier enkele praktische tips:

- Gebruik niet te veel de eerste persoon enkelvoud. Met andere woorden, begin je zinnen zo min mogelijk met "ik";

- gebruik nooit een neerbuigende toon tegenover de functie waarnaar je solliciteert of tegenover de werkgever. Dit kan bijvoorbeeld worden uitgedrukt door te verwijzen naar een meer prestigieuze voormalige werkgever die u, zij het impliciet, op een voetstuk plaatst in vergelijking met de werkgever waar u solliciteert. Natuurlijk moet u uw ervaringen niet bagatelliseren, maar als u een vorig bedrijf of een vorige baan te veel aanprijst, krijgt de recruiter de indruk dat u uit wrok bij hen solliciteert;

• Vermijd onbedoelde uitroeptekens. Als elke zin eindigt met een uitroepteken, wordt het effect van het leesteken sterk verminderd. Gebruik het om een bepaalde zin of twee te benadrukken, maar niet meer;

• Praat niet alleen over jezelf en je ervaringen. Houd in gedachten dat het doel niet alleen is om te laten zien dat je bekwaam bent, maar ook dat je gemotiveerd bent door de baan en de werkgever. Dus benadruk de aspecten van de baan die je zo enthousiast maken. Het is belangrijk dat uw sollicitatiebrief geen zelfpromotie wordt.

KUN JE DEZELFDE SOLLICITATIEBRIEF SCHRIJVEN VOOR AL JE SOLLICITATIES?

Alle vacatures hebben hun eigen specifieke kenmerken. Daarom is het belangrijk om je sollicitatiebrief hierop af te stemmen. Zelfs als u twee bijna identieke advertenties voor dezelfde baan vindt, moet u uw brief toch aanpassen aan de werkgever, die anders is. Het personaliseren van uw brief is een fundamenteel element en u mag nooit twee keer dezelfde brief sturen. Natuurlijk verschillen uw brieven soms slechts op enkele punten, maar juist die details maken het verschil. Je kunt jezelf net zo goed de beste kans geven.

De beste sollicitatiebrief is die welke op u lijkt en aangepast is aan de advertentie waarop u reageert.

MOETEN WE HET HEBBEN OVER DE AFSTAND TUSSEN HET BEDRIJF EN DE WONING?

Natuurlijk, als u dicht bij de werkplek woont, is het adres op uw sollicitatiebrief en CV voldoende voor de werkgever om te begrijpen dat de afstand tussen uw huis en het bedrijf geen probleem zal zijn.

Woont u daarentegen erg ver van de werkplek, dan is het raadzaam de redenen voor uw zoektocht in de omgeving toe te lichten. Als u bijvoorbeeld van plan bent te verhuizen naar het gebied waar de werkgever is gevestigd, zal de vermelding hiervan een extra troef zijn voor uw sollicitatie. Bovendien krijg je dan extra krediet. Maar als je geen overtuigende reden kunt vinden voor deze afstand, vermeld het dan niet: het heeft geen zin om de aandacht van de recruiter te vestigen op iets wat in principe nadelig kan zijn voor je sollicitatie.

 **PAS OP!**

Lieg nooit over je adres om dichter bij de werkgever te komen. Dit werkt averechts als u op korte termijn een afspraak krijgt, tijdens het mondelinge onderhoud of zelfs wanneer u uw werkelijke adres voor de arbeidsovereenkomst moet opgeven. Als u weet dat de in een advertentie vermelde werkplek te ver van uw huis is en dat het te ingewikkeld voor u zult zijn om er te komen, is het beter om gewoon uw tijd te besparen en niet te solliciteren. Tenzij je natuurlijk bereid bent om te verhuizen!

HET IS AAN JOU!

Je hebt nu alle hulpmiddelen om je sollicitatiebrieven zo goed mogelijk te schrijven. Als laatste aansporing bieden wij u een lijst met vragen die u kunnen helpen als het u aan inspiratie ontbreekt bij het schrijven van uw brief.

- Waarom wil ik deze baan? Wat zijn de kenmerken die mij het meest motiveren?

- Waarom wil ik voor deze specifieke werkgever werken?

- Wat bewijst mijn achtergrond dat ik geschikt ben voor deze baan?

- Wat is mijn toegevoegde waarde ten opzichte van andere kandidaten?

- Waar ben ik trots op in wat ik bereikt heb? Kan ik dit als argument gebruiken?

- Is er een gebied waarin ik bijzonder uitblink? Zo ja, is het relevant om het te benadrukken?

- Welke eigenschappen van mijn karakter kunnen nuttig zijn voor de baan?

- Beschik ik over andere troeven (afstand tussen mijn woning en de werkplek, kennis van een taal die nuttig kan zijn, enz.))?

👁 WERKEN MET TREFWOORDEN

Het kan nuttig zijn een lijst van trefwoorden per categorie op te stellen. Schrijf bij het beantwoorden van deze vragen de sleutelwoorden op die in u opkomen. Sorteer ze vervolgens in groepen zoals "vaardigheden", "motivatie", "ervaring", "specifieke troeven", enz. Of u nu uw brief schrijft of herleest, vergeet niet nog eens naar deze categorieën te kijken om er zeker van te zijn dat u niets vergeten bent. Laat u ten slotte niet ontmoedigen als uw aanvragen geen succes hebben. Dit betekent niet dat je niet bekwaam bent. Blijf dezelfde hoge normen hanteren bij de voorbereiding van uw sollicitaties en het zal uiteindelijk lonen!

*We horen graag van u! Laat
een reactie achter op jouw online bibliotheek
en deel je favoriete boeken op social media!*

50MINUTES.com

IMPROVE YOUR
GENERAL KNOWLEDGE
IN THE BLINK OF AN EYE!

www.50minutes.com

De uitgever garandeert de betrouwbaarheid van de gepubliceerde informatie, die echter niet onder zijn verantwoordelijkheid valt.

Master ISBN: 9782808604697
Papier ISBN: 9782808605908
Wettelijk depot: D/2023/12603/17

Digitaal ontwerp: Primento,
de digitale partner van uitgevers.